Gartenmomente

BLUMEN IM GARTEN

EMF

EIN BUCH DER
EDITION MICHAEL FISCHER

INHALTSVERZEICHNIS

VORWORT

Garten ist Lifestyle, Spielplatz, Entspannungsort – kurz gesagt: eine Wohnraumerweiterung. Wer einen Garten hat, darf sich glücklich schätzen. Der Drang nach Natur ist groß, ebenso der Wunsch nach Design, Schönheit sowie dem absolut pflegearmen Garten. Darüber hinaus sehnen sich viele Menschen nach einem Garten, der sie an etwas aus ihrer Kindheit erinnert. An Freiheit, Ferien und ein sorgenfreies, leichtes Leben. Fest steht: Jeder Garten braucht Pflege, aber ein sorgfältig geplanter Garten spart Arbeit und Geld.

Ein Garten lebt und verändert sich so, wie er will. Wenn er darf. Das ist wunderbar und spannend. Stauden ziehen selbstständig einfach ein Beet weiter, sich selbst aussamende Blumen erscheinen im Folgejahr an ganz unerwarteten Stellen oder der Rhododendron wächst einen Meter weiter rechts plötzlich wunderbar.

Wer einen Garten haben möchte, der ganzjährig was „hermacht", gesund wächst, nicht nur Menschen begeistert und zudem wirklich pflegeleicht ist, muss ein wenig Planung investieren. Wer es versteht, Pflanzen sinnvoll miteinander nach ihrem natürlichen Standort und Bodenbedarf zu kombinieren, sodass sie sich nicht nur gegenseitig stützen, sondern auch unterstützen, ist der wahre Meister und kann sich darauf verlassen, dass sich sein Garten im Großen und Ganzen von allein reguliert. Ein vielfältiger, blühender und mit heimischen Pflanzen bestückter Garten hat viele Vorteile: Schädlinge haben weniger Chancen, der Wasserbedarf hält sich in Grenzen und wir tun nebenbei Gutes für die Tierwelt. Und auch wir können das sich übers Jahr und über die Jahre immer wieder verändernde Naturschauspiel genießen und uns an den zahllosen wunderschönen Arten von Zierpflanzen erfreuen.

Ein schöner Ziergarten ist gar nicht so aufwendig, wie man immer denkt. Einmal richtig angelegt, lässt er sich mit minimalem Aufwand instand halten und bietet dann einen Ruhepol zu jeder Jahreszeit.

Und jetzt viel Spaß in deinem Garten!

GARTEN WISSEN

DER IDEALE PFLANZEN-STANDORT

Auch wenn beim Pflanzenkauf immer Angaben zum bevorzugten Standort wie „Sonne" oder „Halbschatten" oder sogar Vorlieben bezüglich des Bodens gemacht werden – diese von der Natur gesetzten Grenzen verschwimmen oft und man kommt um ein Ausprobieren nicht herum. Trotzdem ist es grundsätzlich gut, erst mal diesen Empfehlungen zu folgen. Den perfekten Standort gibt es nicht. Aber wenn man über die Lichtverhältnisse und die Bodenbeschaffenheit in seinem Garten Bescheid weiß und dementsprechend pflanzt, ist der Blüherfolg im Ziergarten meist deutlich größer.

LICHTVERHÄLTNISSE

» **Sonne:** Das Beet liegt den ganzen Tag oder zur Mittagszeit (11 bis 15 Uhr) für mehrere Stunden in der vollen Sonne. Es gibt keinen Schatten durch Bäume oder Gebäude – und wenn, dann nur in den frühen Morgen- und Abendstunden. Je nach Bodenbeschaffenheit kann dieser Standort sehr trocken sein. Sonnige Standorte befinden sich meist auf der Südseite des Grundstücks.

» **Halbschatten:** Beete im Halbschatten liegen maximal 4 Stunden in der Sonne – dies sollte allerdings nicht die Mittagssonne (11 bis 15 Uhr) sein. Den Rest des Tages sind sie im Schatten. Diese Beete findet man oft entlang von hohen Zäunen, Hecken oder Mauern an der West- oder Ostseite des Grundstücks.

» **Schatten/absonnig:** Hier kommt den ganzen Tag keine Sonne an – das Beet liegt in vollem Schatten. Dieser Bereich befindet sich im Schlagschatten an der Nordseite von Gebäuden, unter Bäumen oder anderen hohen Gewächsen. Man kann hier grob in trockenen Schatten (z. B. am Gehölzrand unter Bäumen) und feuchten Schatten unterteilen. Von „absonnig" spricht man, wenn der Bereich im Schatten trotzdem hell wirkt.

TIPP

Beobachte den Bereich des Gartens, wo du das Beet anlegen möchtest, mal einen Tag oder mache morgens, mittags und abends ein Foto davon. So lässt sich schnell feststellen, wie lange Schatten vorherrscht und wann die Sonne darauf scheint.

BODENVERHÄLTNISSE

Um deinen Garten optimal zu bepflanzen, musst du wissen, welcher Boden dir zur Verfügung steht. Du kannst ihn zwar verbessern (siehe S. 9), dennoch wird diese spezielle Bodenart deine Grundlage bleiben und du solltest dich mit ihr arrangieren. Es gibt in Mitteleuropa vier Bodenarten, die allerdings immer in unterschiedlichen Mischungsverhältnissen vorliegen:

» **Sandiger Boden** hat eine grobe Körnung und kann daher Nährstoffe und Feuchtigkeit sehr schlecht festhalten. Auf ihm gedeihen trockenheitsliebende Pflanzen mit wenig Nährstoffbedarf besonders gut.

» **Schluff** hat eine sehr viel feinere Körnung, bindet Wasser relativ gut, kann aber schnell verdichten. Auch zur Bodenerosion kann es kommen. Hier gedeihen Pflanzen mit normalem Wasserverbrauch gut.

» **Sehr tonhaltiger Boden** hat die feinste Körnung und neigt stark zum Verdichten. Er lässt sich schwer bearbeiten und Wasser kann schlecht wegsickern. Dadurch entsteht oft Staunässe und es bilden sich bei Regen Pfützen. Robuste Pflanzen mit einem erhöhten Wasserbedarf haben hier die wenigsten Probleme.

» **Lehmboden** ist eine gute Mischung aus Sand, Schluff und Ton. Dieser Boden ist daher ideal für sehr viele Pflanzen. Nährstoffe und Wasser können sich in ausreichender Menge in diesem Boden halten.

BODENBESTIMMUNG IN DEINEM GARTEN

Am einfachsten und genauesten wäre es natürlich, deinen Boden in einem Labor bestimmen zu lassen. Mit folgenden Tipps kannst du aber auch versuchen, ihn selbst einzuschätzen:

Fingerprobe machen

Mit der Fingerprobe kannst du die Körnungsgröße deines Bodens feststellen. Nimm dazu ein wenig feuchten Boden aus deinem Garten in die Hand und versuche, ihn zu rollen und zu formen. Wenn der Sandanteil in deinem Boden sehr hoch ist, ist die Probe nicht formbar und eine Körnung ist gut sichtbar. Handelt es sich um eine Bodenprobe mit hohem Schluffanteil, ist wenig Körnung sichtbar und sie fühlt sich mehlig an. Ist der Tonanteil sehr hoch, ist keine Körnung sichtbar. Die Probe klebt an den Händen, besitzt eine glänzende und glatte Oberfläche und lässt sich gut in der Hand ausrollen und formen.

Beobachten

Schaue dich in deiner Nachbarschaft um: Welche Kulturpflanzen gedeihen dort besonders gut? Normalerweise hast du einen ähnlichen Boden wie deine Nachbarn und kannst die gleichen Pflanzen wählen.

Auf Zeigerpflanzen achten

Viele Wildpflanzen wachsen nur auf bestimmten, für sie optimalen Böden. Diese Pflanzen zeigen dir nicht nur die Zusammensetzung, sondern auch die Fruchtbarkeit, den Kalkgehalt, die Trockenheit, die Feuchtigkeit und die Verdichtung des Bodens an. Du findest auf Sandboden an den Straßenrändern und auf Brachen ganz andere Pflanzengemeinschaften als auf Schluff, Tonerde oder Lehmboden.

ZEIGERPFLANZEN FÜR ...	
... leichten Sandboden	Feldthymian, Gewöhnlicher Natternkopf, Heidekraut, Kiefer, Königskerze, Sandmohn
... tonigen Boden	Ackerkratzdistel, Ackerschachtelhalm, Huflattich, Rainfarn, Vogelwicke, Wiesenmargerite
... feuchten, verdichteten Lehmboden	Ackerschachtelhalm, Kriechender Hahnenfuß, Löwenzahn, Weißklee
... leichten, lockeren Lehmboden	Ackerwinde, Rote Taubnessel, Spitzwegerich, Vogelwicke, Wiesenplatterbse, Wilde Möhre
... nährstoffreichen Boden	Ackerkratzdistel, Ackerwinde, Giersch, Kornblume, Kriechender Günsel, Rainfarn, Vogelwicke
... nährstoffarmen Boden	Dost, Gewöhnlicher Steinklee, Hasenklee, Quendel, Wiesenmargerite, Wilde Möhre
... humusreichen Boden	Brennnessel, Gartenmelde, Giersch, Löwenzahn, Rote Taubnessel, Vogelmiere
... feuchten Boden	Brennnessel, Giersch, Kriechender Günsel, Schafgarbe, Wiesenknöterich, Wiesenschaumkraut
... trockenen Boden	Ackerwinde, Färberkamille, Feldthymian, Kornblume, Mauerpfeffer
... sauren Boden (kalkarm)	Ackerziest, Arnika, Heidekraut, Kleiner Sauerampfer, Moose
... alkalischen Boden (kalkreich)	Ackerwinde, Huflattich, Klatschmohn, Weißklee, Kornblume, Odermennig, Zittergras

ZIERPFLANZEN FÜR BESTIMMTE BÖDEN UND STANDORTE	
Zierpflanzen für sandigen Boden, sonniger Standort	Aster, Felsen-Storchschnabel, Filziges Hornkraut, Hechtrose, Herbstanemone, Lavendel, Mediterrane Wolfsmilch, Patagonisches Eisenkraut, Schwertlilie, Spornblume, Staudenlein, Steppensalbei, Zierlauch
Zierpflanzen für ein sonniges bis halbschattiges Beet mit lehmigem Boden	Akelei, Aster, Elfenblume, Elfenkrokus, Felsen-Storchschnabel, Fingerhut, Gartenmelde, Goldlack, Kerzenknöterich, Lenzrose, Narzisse, Pfingstrose, Phlox, Purpurglöckchen, Rose, Schlüsselblume, Schneeglöckchen, Sommerknotenblume, Sonnenhut, Staudenwicke, Tulpe, Waldgeißbart, Winterling
Zierpflanzen für ein schattiges Beet mit lehmigem Boden	Elfenblume, Fingerhut, Kerzenknöterich, Maiglöckchen, Pfirsichblättrige Glockenblume, Purpurglöckchen, Salomonssiegel, Schildfarn, Waldgeißbart

ZIERPFLANZEN PFLEGEN

BODENVERBESSERUNG UND DÜNGUNG

Der Einsatz von Düngemitteln erfordert Genauigkeit, denn bei einer Überdüngung wird unserem Boden, Grundwasser und damit dem gesamten Naturkreislauf geschadet. Sanfter sind da natürliche Methoden zur Bodenverbesserung.

KOMPOST

Durch den natürlichen Stoffkreislauf wird organisches Restmaterial von Pflanzen in Humus umgewandelt. Beim Anlegen eines Komposthaufens nutzt man diesen Prozess. Der entstehende Humus ist ein hervorragender Dünger und verbessert zudem die Struktur des Bodens. Sandiger Boden wird nährstoffreicher und das Speichervermögen von Feuchtigkeit wird erhöht. Lehmiger, schwerer Boden wird luftdurchlässiger und kann so leichter bearbeitet werden.

Platziere deinen Kompost an einem halbschattigen Ort, damit er nicht so schnell austrocknet. Der Kompost darf nicht auf einer betonierten Fläche stehen, von unten müssen Regenwürmer und andere Bodenorganismen Zugang haben. Gut eignen sich preiswerte, vorgefertigte Kompostbehälter mit einem Kubikmeter Fassungsvermögen.

NATÜRLICHER DÜNGER

Für kalkliebende Pflanzen eignet sich ab und an Gießwasser, in dem du eine Handvoll zerstoßene Eierschalen zwei Wochen liegen lässt. Viele Pflanzen mögen Kaffeesatz oder klein geschnittene Bananenschalen als Dünger. Hornspäne, Pferdeäpfel und Kuhmist sind gute natürliche Düngemittel. Bewährt haben sich ebenso Pflanzenjauchen wie die Brennnesseljauche. Sie enthält Stickstoff und Spurenelemente, die Pflanzen für ein gesundes Wachstum brauchen.

GRÜNDÜNGUNG

Gut geeignet zur Bodenverbesserung ist auch die Gründüngung. Dafür werden geeignete Pflanzen auf brachliegenden Böden ausgesät. Diese Pflanzen lockern mit ihren Wurzeln den Boden, einige können Stickstoff aus der Luft binden und der Erde zuführen. Durch die Begrünung wird der Boden vor Erosion geschützt und trocknet weniger aus. Nach einiger Zeit werden die Gründungpflanzen untergegraben oder abgemäht und als Mulch liegen gelassen. Die Pflanzenreste dienen Regenwürmern und anderen Kleinstlebewesen als Futter, werden von ihnen zu neuem Humus verarbeitet, und der Nährstoffgehalt des Bodens erhöht sich.

Als Gründünger kannst du Studentenblumen, Klee, Ringelblumen, Gelbsenf, Lupinen und Wicken verwenden.

MULCH

Beim Mulchen wird der Boden mit noch nicht verrottetem organischem Material bedeckt. Das schützt den Boden vor Temperaturschwankungen und reguliert seine Feuchtigkeit. Zudem wird durch das langsame Zersetzen des Mulches der Boden mit Nährstoffen und Humus angereichert. Geeignet sind:

» Angetrockneter Rasenschnitt oder Gründüngungspflanzen, die bis zu 5 cm dick ausgestreut werden.

» Zerkleinertes, gut ausgedroschenes Stroh, das bis zu 10 cm dick ausgelegt wird.

» Rindenmulch oder Holzhäcksel, die bis zu 5 cm dick ausgestreut werden.

» Ausgereifter Kompost, der bis zu 1 cm dick ausgestreut wird.

WÄSSERN

Grundsätzlich muss man gut eingewachsene Stauden nicht oft gießen; schon gar nicht, wenn es regelmäßig regnet. Bis sie so gut eingewachsen sind, brauchen Stauden aber genügend Wassergaben. Im ersten Jahr solltest du neue Pflanzen regelmäßig bewässern, danach reicht es meist, wenn du nur in längeren Trockenperioden regelmäßig gießt.

Am besten fängt die Bewässerung mit dem Pflanzen an. Wenn die Erde im Topf arg trocken ist, lässt du die Staude samt Wurzelballen erst einmal eine Runde Wasser ziehen. Wässere auch das Pflanzloch kräftig. Das sorgt dafür, dass die Staude gut einwächst.

WANN IST DER BESTE ZEITPUNKT ZUM WÄSSERN?

Im Sommer nicht mittags gießen! Warum? Das Wasser würde vor allem an heißen Tagen verdunsten, bevor es in die tieferen Regionen des Bodens vordringen kann. Wassertropfen auf Blättern wirken außerdem wie ein Vergrößerungsglas bei Sonneneinstrahlung und verbrennen so deine Pflanzen. Abends jedoch hat das Wasser Zeit zu sickern und kommt so an den Wurzeln an. Wer lieber morgens gießt, sollte darauf achten, den Wasserstrahl auf die Erde zwischen den Stauden zu richten. So entstehen keine Wassertropfen auf den Blättern und die Pflanzen bleiben heil.

BEIKRÄUTER IN SCHACH HALTEN

Die Beete sollten möglichst dicht bewachsen sein, denn da, wo Stauden den Boden bedecken, kann kein oder nur wenig Unkraut wachsen. Wenn die Stauden noch nicht so groß sind, hilft es, dazwischen zu mulchen. Bitte verzichte auf Herbizide! Die schaden nicht nur dem Unkraut, auch die Tierwelt kommt mit den Giften nicht klar!

Das beste Mittel gegen Unkräuter im Garten ist Jäten. Beim Kampf gegen Unkräuter sollte man vor allem eins sein: schnell! Je früher man ein Unkraut erkennt und es richtig entfernt, desto weniger Aufwand kostet es später. Unkraut immer vor der Blüte entfernen! Wenn sich erst mal Samen bilden, ist es schon zu spät. Gut ist es, wenn man weiß, welches Unkraut wächst. Und wenn es doch einmal zu einem größeren Ausbruch kommt, lieber einmal viel Arbeit investieren und akribisch alles entfernen, als auf Dauer ständig Ärger damit zu haben.

DER SCHNITT

Der Staudenschnitt dient einerseits der Pflege der Beete und kann andererseits, ausgeführt zum richtigen Zeitpunkt, wahre Wunder bewirken.

RÜCKSCHNITT IM HERBST ODER IM FRÜHJAHR?

Ein wichtiger Grund, der für den Rückschnitt im Frühjahr spricht, sind die vielen Insekten, die in den abgestorbenen Pflanzenresten ihre Eier ablegen und überwintern. Ein weiterer Grund: Der Garten ist im Winter nicht leer! Nach einem Rückschnitt im Herbst hat man nämlich das Problem, dass der Garten recht nackig bis zum Frühjahr aussieht, und das ist eine ganz schön lange Zeit. Daher solltest du nur die Stauden im Herbst schneiden, die anfangen zu gammeln und matschig am Boden liegen. Gräser werden sowieso erst im Frühjahr kurz vor dem Neuaustrieb geschnitten.

RÜCKSCHNITT FÜR EINE ZWEITE BLÜTE

Remontierende Stauden blühen zweimal. Meist einmal im Frühsommer und dann, nach einem Rückschnitt, im späten Sommer noch einmal. Vielen verhilft ein Rückschnitt aber auch direkt zu einer neuen Blüte. Katzenminze und Steppensalbei etwa werden, sobald sie verblüht sind (Ende Juni/Anfang Juli), ungefähr 10 Zentimeter über dem Boden gekappt. Sie treiben dann nach kurzer Zeit komplett neu aus und bilden nach 4 bis 6 Wochen neue Blüten. Bei einigen Storchschnabelarten, Chrysanthemen und Sommerastern dagegen kappt man nur die verblühten Teile und regt so direkt die Bildung neuer Blüten an.

TIPP

Hebe die abgeschnittenen Stücke auf! Daraus lassen sich Stecklinge machen und du kannst dir ganz einfach deine eigenen Stauden ziehen (siehe Seite 14).

AUSSAAT, PFLANZUNG UND VERMEHRUNG

EINJÄHRIGE ZIERPFLANZEN AUSSÄEN UND VORZIEHEN

Die meisten einjährigen Schnittblumen werden im Frühjahr ausgesät. Dabei kann man sie entweder drinnen vorziehen oder später, nach dem letzten Frost im Mai, direkt im Beet aussäen. Der Vorteil vom Vorziehen im Haus ist, dass man starke vereinzelte Pflänzchen im Garten aussetzen kann und so auch eine wesentlich frühere Blüte erzielt.

Die Anzucht gelingt am einfachsten auf der Fensterbank in Aussaatschalen mit Abdeckung. Sie halten die Feuchtigkeit in der Erde und begünstigen so die Keimung der Samen.

Nicht alle Einjährigen sind kälteempfindlich. Die Cool Flowers, zu Deutsch „robuste Einjährige", sind winterharte Sorten, die im Spätsommer oder Herbst ausgesät werden können. Auch eine Aussaat im zeitigen Frühjahr ist möglich. Einige brauchen sogar den Kältereiz, um zu keimen. Dabei kann man die Samen entweder direkt ins Beet aussäen oder in Töpfe, die dann aber ruhig draußen an einem geschützten Ort bleiben dürfen. Die meisten Sorten müssen allerdings nach der Aussaat noch ein wenig vor hartem Frost geschützt werden. Bei der Aussaat im Beet genügt dafür ein Stück Vlies.

Frostharte Cool Flowers zur Aussaat im Freien: Kornblume, Feldrittersporn, Mohn, Jungfer im Grünen, Kornrade, Strahlenbreitsame

Cool Flowers zur frühen Anzucht drinnen: Löwenmäulchen, Sommer-Phlox, Wilde Möhre, Stiefmütterchen, Ringelblume, Fingerhut, Levkojen, Strohblumen, Strandflieder

VORGEZOGENE UND GEKAUFTE ZIERPFLANZEN ANPFLANZEN

Der optimale Zeitpunkt zum Pflanzen von Stauden ist im Frühjahr oder im Herbst. Da ist normalerweise die Auswahl in Staudengärtnereien und Gartencentern am größten. Oft gibt es in Staudengärtnereien auch kleine Sichtungsgärten. So kann man sich dort schon Inspirationen für das eigene Beet holen und das, was gefällt, mitnehmen und nachpflanzen. Was du nicht im normalen Handel findest, kannst du meist online bestellen. In den Gartencentern sind Stauden in der Regel zu ihrer Blütezeit, also saisonal, im Angebot. Das ist aber nicht immer von Vorteil, da gerade im Sommer das Pflanzen von Stauden wegen der fehlenden Niederschläge nicht empfehlenswert ist. Außerdem weicht man durch die Versuchung solcher vorgezogenen Exemplare schnell vom eigentlichen Pflanzkonzept ab.

TIPP

Damit du nicht vergisst, wo du schon Tulpen und Narzissen gepflanzt hast, und sie nicht versehentlich beim Setzen neuer Zwiebeln ausgräbst, mache während der Blüte Fotos!

STAUDEN PFLANZEN – SO GEHT'S:

» Schon beim Kauf solltest du auf gesunde Pflanzen achten: Die Erde im Pflanztopf sollte gut durchwurzelt und nicht komplett ausgetrocknet sein. Entferne vor dem Setzen abgenickte oder vertrocknete Pflanzenteile.

» Wässere die Stauden vor dem Pflanzen – stelle sie dafür für ein bis zwei Stunden in eine Wanne mit Wasser. Das Pflanzloch auch gut wässern und mit ein wenig organischem Langzeitdünger (z. B. Hornspäne) anreichern.

» Den Wurzelballen der Staude vorsichtig lockern und sie dann genauso tief, wie sie im Topf stand, an die gewünschte Stelle setzen.

» Achte vor allem im ersten Pflanzjahr darauf, dass du die Staude genügend gießt.

ZWIEBELPFLANZEN SETZEN

Der Herbst ist der richtige Zeitpunkt zum Stecken von Zwiebelblumen. Hier ist Vorstellungskraft gefragt, denn im Frühjahr soll aus diesem wild zusammengewürfelten Meer aus Zwiebeln ein blühender Garten entstehen.

» Pflanzzeit für die Zwiebeln ist im Herbst – im Prinzip hast du Zeit bis Dezember, der Boden sollte nur nicht gefroren sein beim Setzen.

» Du kannst entweder kleine Grüppchen pflanzen oder quer über das Beet verstreuen.

» Achte bei verschiedenen Höhen darauf, dass kleinere Sorten nicht von großen verdeckt werden.

VERMEHRUNG

Einmal im Garten etabliert, können viele Zierpflanzen ganz einfach durch Teilung, Stecklinge oder Samen vermehrt werden. Das geht leichter als gedacht und muss sogar teilweise sein, um ihre Blühfreudigkeit und ihren Wuchs zu erhalten. Zudem ist es nachhaltig und kostengünstig.

VERMEHRUNG DURCH TEILUNG

Purpursonnenhut, Fetthenne, Salbei, Katzenminze, Storchschnabel – alles Stauden, die du ganz einfach durch Teilen vermehren kannst. Bei einigen klappt das durch Ausheben und Teilen, bei anderen, ausläuferbildende Stauden (Kissen-Astern, Chinesischer Bleiwurz, Cambridge-Storchschnabel) können einfach Teilstücke aus dem Boden gezogen und neu gepflanzt werden.

Astern: Sie beginnen ab einer gewissen Größe zu verkahlen und bilden nur noch dürre Stängel und keine Blätter mehr. Daher sollte man Astern alle 2 bis 3 Jahre teilen, indem man die komplette Pflanze aus dem Boden nimmt, mit dem Spaten beherzt zusticht und je nach Größe mehrere Teile daraus macht. Bester Zeitpunkt: Frühjahr.

Gräser: Wenn die Blüte von Gräsern im Spätsommer weniger wird oder ganz ausbleibt, ist es Zeit zu teilen (meistens nach 4 bis 5 Jahren). Eine Teilung erfolgt immer im Frühjahr vor dem Austrieb. Das Gras etwa handbreit über dem Boden zurückschneiden, dann komplett ausheben. Jetzt kann der Horst geteilt werden, eine Säge erleichtert die Arbeit. Bester Zeitpunkt: Frühjahr.

Bartiris: Die Bartiris wird mit den Jahren blühfaul und sollte nach einiger Zeit geteilt werden. Hierbei werden die Rhizome ausgegraben und per Hand durch Auseinanderziehen geteilt. Jedes Teilstück sollte Blätter haben, die bis auf ein paar Zentimeter eingekürzt werden. Auch die Wurzeln solltest du bis auf 3 bis 4 Zentimeter kappen. So vorbereitet, kann das Rhizom wieder neu gepflanzt werden. Bester Zeitpunkt: Spätsommer.

VERMEHRUNG DURCH STECKLINGE

Diese Art der Vermehrung funktioniert mit fast allen Stauden. Dazu schneidet man den oberen Austrieb der Staude vor der Bildung einer Blütenknospe ab und lässt diese Teile in kleinen, mit Anzuchterde gefüllten Töpfen Wurzeln ziehen. Ein guter Zeitpunkt dafür ist der Monat Mai.

STECKLINGE ZIEHEN – SO GEHT'S:

» Unter einem der oberen Blattpaare mit einem scharfen Messer kappen.

» In einen Topf mit feuchter Erde stecken.

» Die Pflanze 3 bis 4 Wochen an einen schattigen Ort stellen. Feucht halten. Sie sollte aber nicht zu nass stehen, da der Steckling sonst fault.

» Wenn der Anzuchttopf gut durchwurzelt ist, entweder in einem größeren Topf weiterziehen oder einfach ins Beet pflanzen.

FOLGENDE STAUDEN LASSEN SICH DURCH STECKLINGE VERMEHREN:

Aster, Katzenminze, Salbei, Indianernessel, Fetthenne, Storchschnabel, Lavendel, Flammenblume

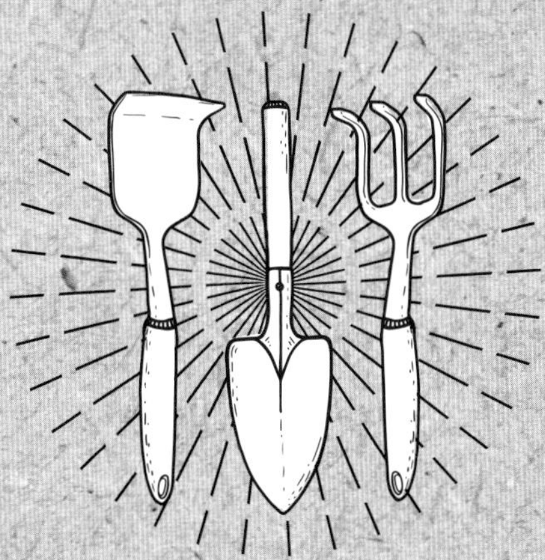

BEET-PLANUNG

BEETFORM UND -GESTALTUNG

Eine leere Fläche einzuteilen und zu füllen ist gar nicht so einfach: Wie groß soll das Beet werden? Welche Form bekommt es? Möchtest du zum Beispiel um dein Beet herumlaufen können oder liegt es vielleicht am Rand zur Nachbarsgrenze? Soll es eher streng geometrisch oder organisch geformt sein?

DIE BEETFORM BESTIMMEN:

» Überlege dir genau, wo dein neues Beet entstehen soll.

» Nimm einen möglichst langen Gartenschlauch und lege damit einen Linie in der Form, die dein Beet später einnehmen soll. Möchtest du zum Beispiel gerade Ränder oder lieber geschwungene?

» Gehe ein paar Schritte zurück und betrachte die Form – am besten von verschiedenen Standorten aus. Schiebe den Schlauch so lange zurecht, bis sich das Beet gut in den restlichen Garten einfügt.

RANDBEET

Das Randbeet ist eines der wohl am häufigsten vorkommenden Beete in Gärten, da es entlang von Mauern, Zäunen oder am Haus angelegt wird. Wichtig ist eine genaue Beobachtung der Lichtverhältnisse, bevor man mit der Bepflanzung beginnt. Wie wandert der Schatten im Beet im Laufe des Tages? Gibt es hier bereits Gehölze, die viel Wasser wegschlucken oder Schatten spenden? Wie breit muss ich das Beet machen, damit ich eine gewisse Tiefe in der Pflanzung erreiche? Beachte beim Anlegen des Beetes auch, dass du eventuell noch Gehölze im Hintergrund zwecks Rückschnitt gut erreichen musst! Dabei können Trittplatten im Beet helfen, die du zwischen üppigen Stauden optisch verschwinden lassen kannst.

INSELBEET

Ein Inselbeet ist ein Beet, das an keine Wand, Mauer oder Hecke grenzt. Man kann es von allen Seiten betrachten und es liegt meistens in der vollen Sonne – wenn nicht gerade mittig ein Baum wächst. Ein Inselbeet mach vor allem dann Sinn, wenn man große Rasenflächen auflockern oder ein Beet an einer Terrasse in den Garten hinein anlegen möchte.

BEETE PLANEN

	BEDEUTUNG	STAUDENBEISPIELE
Leitstauden	Leitstauden sind sehr hohe, prächtige Gewächse, die den Blick auf sich ziehen. Sie kommen in den Beethintergrund oder in die Mitte des Beets bei Inselbeeten. Es reicht meistens schon eine Pflanze, um Wirkung zu erzielen.	Rittersporn; hohe Herbstastern; Herbst-Anemone; Pfingstrosen; opulente Gräser wie Chinaschilf Silberkerze; hohe Indianernesseln
Begleitstauden	Begleitstauden ergänzen die großen Blüher und unterstützen die Leitstauden in Farbe und Blühzeit. Sie sind niedriger (50–60 cm), fünf bis acht Pflanzen pro Sorte solltest du hier einplanen.	Fetthenne; Purpursonnenhut; Flammenblume; Ziersalbei; Katzenminze; Ziest; Storchschnabel Sterndolde
Füllstauden	Füllstauden schließen Lücken im Beet. Meist sind das niedrige bodendeckende Stauden, die sich auch gut am Beetrand machen. Fünf bis fünfzehn Pflanzen sind angebracht.	Bergenien; niedrige Storchschnabelarten; Frauenmantel; Purpurglöckchen

Eine leere Fläche zu füllen, erfordert immer ein bisschen Kreativität und Planung. Aber im Grunde genommen ist es dein Beet und du kannst pflanzen, was und wie du willst und wenn man es genau nimmt, gibt es nur eine wichtige Vorgabe: Ich will alles sehen können, was ich gepflanzt habe. Stauden werden meist nach einer klassischen Höhenstaffelung angeordnet: Hohe Pflanzen kommen nach hinten beziehungsweise bei Inselbeeten in die Mitte des Beets, und nach vorne werden sie immer niedriger. Das ist einfach umzusetzen und gerade bei kleineren Beeten ratsam.

ANZAHL DER STAUDEN IM BEET

Wie viele Pflanzen setze ich von einer Sorte, damit eine Wirkung entsteht? Eine Option ist, das Beet auszumessen und dir einen Plan auf Papier zu machen. Wie du die Stauden letztendlich arrangierst, entscheidest du am besten, indem du die gekauften Stauden in ihren Töpfen ins Beet stellst. Dann siehst du auch schnell, wo und ob noch eine Pflanze fehlt.

» Ein gängiger Richtwert sind mindestens drei Stauden von einer Sorte.

» Bei großen Leitstauden reicht aber oft schon eine einzige, um eine tolle Wirkung zu erzielen.

» Im Beetvordergrund braucht es fünf bis acht von den kleineren Stauden, um eine geschlossene Fläche zu erzielen.

» Du kannst die Stauden in Tuffs (kleine Gruppen) oder in Drifts (Bänder) pflanzen. Während Tuffs Beete natürlicher wirken lassen, schaffen Bänder insbesondere am Rand akkurate Begrenzungen.

FARBEN UND FORMEN

Es bleibt natürlich dir selbst überlassen, welche Farben du in deinen Garten pflanzt, aber viele Gärtner*innen empfinden ein einheitliches Farbschema im Garten als harmonischer. Häufige Kombinationen sind Weiß-Grün oder Blau, Lila, Weiß und Pink. Zu viele Farben wirken leicht zu wild. Wenn man allerdings zu Komplementärfarben greift, kann man eine tolle Wirkung erzielen und so sieht beispielsweise ein Limettengelb neben einem dunklen Lilaton wirklich beeindruckend aus.

Nicht nur durch die Farbe, auch in der Kombination verschiedener Blüten- und Blattformen können sich spannende Strukturen und Kontraste ergeben. Platziere dazu unterschiedliche Blütenformen nebeneinander: Storchschnabel neben Katzenminze, Astern neben Fetthenne und Salbei. Auch beim Laub sorgen verschiedene Formen für Abwechslung: Die wuchtige Funkie 'Elegans' bekommt mit Bambus und Japanischem Berggras einen leichten Ausgleich. Keine Angst vor Grün, denn diese Bereiche lassen das Auge ruhen.

GANZJÄHRIG SCHÖNE BEETE

DAUERBLÜHER

Leider ist es unmöglich, ein das ganze Jahr über blühendes Beet anzulegen, dabei ist es doch genau das, was man sich am meisten wünscht. Mit Dauerblühern lässt sich das aber zumindest ansatzweise umsetzen. Diese Pflanzen blühen sehr ausdauernd und fast die gesamt Saison hindurch, zum Beispiel: Storchschnabel 'Rozanne', Mädchenauge 'Moonbeam', Garten-Skabiose 'Butterfly Blue' – kombiniert mit einer orangenfarbenen Taglilie, Ballonblume, Fetthenne und dem leider nicht winterharten, in dunklem Pink blühenden Salbei 'Love and Wishes'. Dauerblüher einzusetzen ist die einfachste und gerade für Anfänger*innen nicht die schlechteste Lösung für lange Blühzeiten im Garten. Das kann jedoch mit der Zeit und mit zunehmender Pflanzsicherheit langweilig werden. Man kriegt tatsächlich schneller als gedacht den Durchblick – und dann kann man das Beet immer noch nach Blühfolgen umgestalten.

FRÜHJAHRSBLÜHER

Mit Zwiebelblumen wie Narzissen, Krokussen und Tulpen lässt sich bereits ab Februar ein Blütenmeer im Garten zaubern. Dabei sind sie nicht nur schön anzusehen, besonders Bienen dienen sie als erste Nahrungsquelle in einer Zeit, in der noch wenig blüht.

Tulpen und Narzissen gibt es in vielen Variationen mit sehr unterschiedlichen Blühzeiten. Während zum Beispiel Wildtulpen recht niedrig bleiben und schon sehr früh blühen, sind viele der gezüchteten Arten erst spät mit der Blüte dran. Außerdem sind die Höhenunterschiede bei Tulpen sehr groß und das Farbspektrum riesig. So kannst du einen stetigen Wechsel gestalten und mit zahlreichen Farben spielen.

Damit sie im nächsten Jahr genau so schön wiederkommen, ziehen die Zwiebeln alle Nährstoffe aus den welkenden Blattresten. Daher bei Tulpen direkt nach dem Verblühen die Köpfe abschneiden, da sich sonst Samen bilden und so viel Energie verloren geht. Das Laub von Tulpen und Narzissen sollte erst geschnitten werden, wenn es gelb und vertrocknet ist. Dann ist alle Energie aus der Pflanze in die Zwiebel gegangen und einer schönen Blüte im nächsten Jahr steht (fast) nichts im Weg.

	Februar		März		April		Mai		Juni	
Winterlinge										
Schneeglöckchen										
Netzblattiris										
Krokusse										
Märzenbecher										
Hyazinthen										
Narzissen										
Tulpen										
Holländische Iris										
Zierlauch										

STAUDEN

Stauden sind mehrjährige, winterharte Zierpflanzen, die – einmal gepflanzt und angewachsen – immer wieder an gleicher Stelle austreiben. Die meisten Arten (Ausnahmen sind immergrüne und wintergrüne Stauden) verlieren ihr oberirdisches Laub im Winter und treiben im Frühjahr komplett neu aus. Im Laufe der Saison verändern sie ihr Aussehen vom Laubaustrieb über die Blüte bis zu Samenständen und Stängeln im Winter. Anhand ihrer unterschiedlichen Blühphasen kann man mit Stauden ganz einfach Beete gestalten, die fast das ganze Jahr blühen. Durch die zeitversetzt blühenden Sorten entsteht immer wieder neu ein abwechslungsreiches Bild.

STAUDEN UNTERTEILEN SICH IN:

Dauerblüher	blühen fast die komplette Saison durch
Frühlingsblüher	blühen von April bis Juni
Sommerblüher	blühen im Juli und August
Herbstblüher	blühen im September bis in den November hinein
Blattschmuckstauden	bilden nur unscheinbare oder gar keine Blüten
Remontierende Stauden	sind Sorten, die nach einem Rückschnitt erneut Blüten bilden

EINJÄHRIGE

Wer träumt nicht von einer Wiese, die den ganzen Sommer blüht? Das typische Blumenwiesen-Feeling erzielt man mit Einjährigen. Wer den Platz hat, kann sich also eine Ecke ausgucken und drauflos säen. So eine Fläche wird dann zu einer Weide für Bienen und eine Quelle für Blumensträuße. In kleineren Gärten lassen sich mit den Einjährigen sehr gut Akzente in bestehenden Beeten setzen. Du hast eine Lücke, weil etwa die gesetzten Stauden noch nicht so richtig in die Puschen gekommen sind? Die lässt sich easy mit Einjährigen schließen. Da es die meisten in vielen verschiedenen Farben gibt, kannst du hier außerdem noch mal mit tollen Farbkombis punkten. Und wenn dir das Ergebnis nicht gefallen hat, kannst du im nächsten Jahr einfach einen anderen Mix ausprobieren.

GRÄSER

Zu viele Blüten und zu schwere Blattstrukturen können einen schnell optisch erschlagen. Abhilfe schafft man mit Gräsern, die zu strenge Beete auflockern, den Blick ruhen lassen und für Abwechslung sorgen.

Bei den Gräsern gibt es – wie bei den Stauden – eine schier unendliche Auswahl für wirklich jeden Standort. Zu den bekanntesten Gräsern im Garten zählt das Lampenputzergras (Pennisetum), das in kaum einem Garten fehlen darf. Es hat eine angenehme Höhe (ca. 60–80 cm) für Staudenbeete und ist relativ pflegeleicht (darf nur nicht zu trocken stehen). Rutenhirse (Panicum) und Chinaschilf (Miscanthus) dagegen gehören zu den größeren Sorten und können dank ihres dichten Wuchses und der Höhe sogar als Sichtschutz gepflanzt werden. Wer es leicht und fluffig im Beet haben möchte, greift auf Federgras (Stipa) zurück. Das weht sacht im Wind und lässt sich toll mit vielen Stauden kombinieren. Wald-Schmiele (Deschampsia), Berg-Reitgras (Calamagrostis varia) und Japanisches Berggras (Hakonechloa macra) wiederum schmücken den Schatten und fühlen sich auch am Gehölzrand zur Unterpflanzung von Bäumen wohl.

GRÄSER-BASICS:

Wähle winterharte Sorten.

Achte bei Gräsern besonders auf eine schöne Herbstfärbung.

Eine imposante Blüte ist ebenso wichtig, denn die bleibt den Winter durch stehen.

Entscheidend ist außerdem ein horstiger, nicht zu üppiger Wuchs.

SCHÖNE BEETE IN HERBST UND WINTER

Manche Zierpflanzen wie Aster und Fetthenne zeigen ihre Blütenpracht erst spät im Jahr und versüßen dir so die letzten Spätsommertage. Zusätzlich warten im Herbst manche Pflanzen mit atemberaubenden Blattfärbungen auf und verwandeln deinen Garten in ein Meer aus Rot- und Orangetönen.

Damit dein Garten auch im Winter ein Blickfang ist, solltest du zusätzlich zur sommerlichen Blütenpracht an Gräser, Gehölze und immergrüne Gewächse denken. Sie geben deinem Beet auch dann Struktur und Farbe, wenn die meisten Pflanzen ihr Laub bereits abgeworfen haben. Zudem sorgen manche Gehölze sogar im tiefsten Winter mit bunter Stammfärbung für spannende Farbtupfer.

BLÜHKALENDER STAUDEN

	Januar	Februar	März	April
Helleborus x glandorfensis 'Ice N'Roses'				
Cyclamen coum				
Pulsatilla vulgaris				
Bergenia				
Euphorbia amygdaloides 'Purpurea', Brunnera macrophylla 'Jack Frost', Tiarella laciniata 'Pink Skyrocket'				
Iris barbata-elatior 'Rosalie Figge' und 'Eternal Bliss', Ajuga reptans 'Black Scallop', Convallaria Majalis, Paeonia				
Aquilegia vulgaris 'Clementine White', Geranium macrorrhizum 'Spessart', Primula japonica 'Millers Crimson'				
Salvia nemorosa 'Mainacht', Salvia 'Amistad'				
Phlomis tuberosa 'Amazone', Hosta, Campanula carpatica 'White Clips', Monarda fistulosa, Digitalis purpurea, Gillenia trifoliata				
Stachys monnieri 'Hummelo', Heuchera, Campanula glomerata 'Genti Blue', Phuopsis stylosa Geranium sanguineum 'Ron Leed'				
Salvia nemorosa 'Caradonna' und 'Schneehügel', Scabiosa columbaria 'Butterfly Blue', Geranium sanguineum 'Ballerina'				
Teucrium hircanicum, Salvia 'Amistad', Astrantia major 'Moulin Rouge', Geranium wallichianum 'Rozanne'				
Phlox amplifolia 'David', Persicaria microcephala 'Red Dragon'				
Agastache 'Black Adder', Lavandula angustifolia 'Hidcote Blue', Echinacea purpurea, Monarda fistulosa, Geranium wlassovianum				
Cosmos atrosanguineus, Linaria purpurea 'Canon J. Went', Gaura lindheimeri, Verbena bonariensis				
Sedum telephium 'Matrona' und 'Herbstfreude', Clematis x jouiniana 'Praecox', Persicaria microcephala 'Red Dragon'				
Cyclamen hederifolium, Aster ageratoides, Ceratostigma plumbaginoides, Anemone japonica, Cimicifuga simplex				
Aster novae-angliae 'Barr's Pink', Aster dumosus 'Rosenwichtel', Aster ericoides 'Snowflurry', Aster laevis 'Calliope', Iris barbata-elatior				
Aster novae-angliae 'Purple Dome'				

Die Übersicht über die Blühzeiten kann dir deine Planung erleichtern und Beetlücken lassen sich so einfacher schließen.

Mai	Juni	Juli	August	September	Oktober	November	Dezember

BEETPLAN SONNIGES BEET

Hier kannst du bei der Staudenauswahl in die Vollen greifen, da für sonnige Standorte die Auswahl mit Abstand am größten ist. In der vollen Sonne lassen sich üppig blühende Beete anlegen, allerdings hat dieser Bereich auch seine Tücken. Da hier wirklich den ganzen Tag die Sonne ankommt, ist es oft sehr trocken. Dem wirkst du mit einer dichten Bepflanzung mit möglichst trockenheitsresistenten Stauden entgegen, da so die Feuchtigkeit besser im Boden gespeichert werden kann und die Verdunstung geringer ist.

Das Beet ist so geplant, dass es zu jeder Jahreszeit gut aussieht und sich verändert – so wird es nicht langweilig. Damit es hier im Herbst und Winter nicht leer ist, wird erst im Frühjahr zurückgeschnitten. Die gelisteten Stauden sind standfest und bilden wunderschöne Samenstände.

Im Frühjahr sorgen Zwiebelpflanzen für erste Farbtupfer. Der im Frühsommer blühende Salbei passt farblich super zum Brandkraut und zum Rosa Leinkraut. Alle drei Stauden geben dem Beet die Höhe, die es braucht und sind nicht nur für uns attraktiv, auch die Bienen stehen voll drauf!

Im Herbst übernehmen die Astern das Beet und werden ergänzt durch die Samenstände von Brandkraut und Indianernessel. Und im Winter kann sich das Beet dank der strukturgebenden Samenstände sehen lassen!

Beetgröße: 1,5 x 3 m **Standortbedingungen:** Sonne

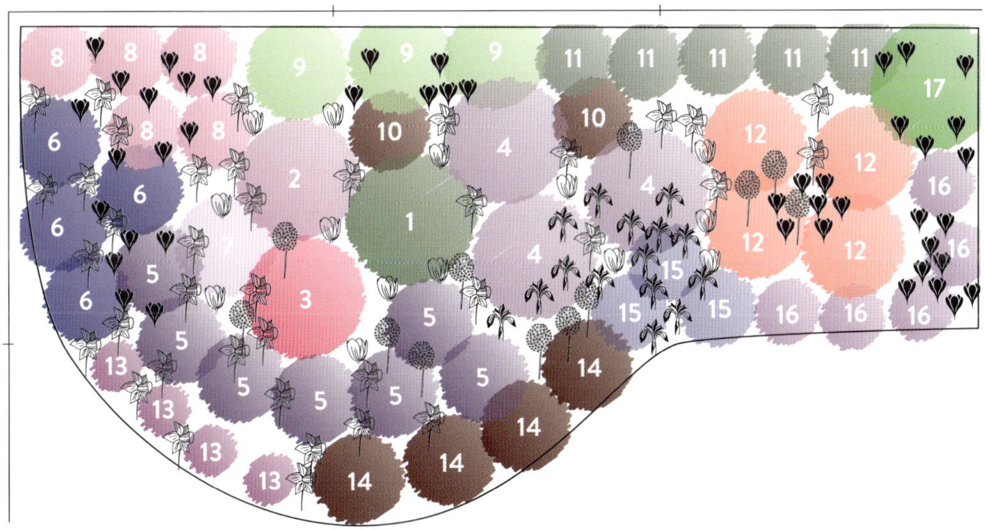

Tulipa 'Havran'

Narcissus 'Thalia', 'Dancing Moonlight', 'Moschatus' und 'Regeneration'

Crocus tommasinianus

Allium 'Purple Sensation'

Iris reticulata 'Purple Gem'

1 ***Miscanthus sinensis* 'Ferner Osten'** (1x) mit einer Blüte von September bis Oktober und einer unschlagbaren Färbung im Herbst. Eine schöne Alternative wäre *Miscanthus sinensis* 'Gracillimus'.

2 ***Monarda fistulosa* 'Beauty of Cobham'** (1x) besitzt eine üppige Blüte von Juli bis September mit standfesten Stängeln, die bis zum Frühjahr das Beet schmücken.

3 ***Aster novae-angliae* 'Barr's Pink'** (1x) blüht von September bis Oktober. Diese Aster gibt es auch in einer blauen Variante mit dem Namen 'Barr's Blue'. Auch sie füllt das Beet den Winter über.

4 ***Phlomis tuberosa* 'Amazone'** (3x) blüht von Juni bis Juli – eine unverzichtbare Staude im Herbst und Winter, da ihre Samenstände eine absolute Zierde im Beet sind.

5 ***Salvia nemorosa* 'Caradonna'** (7x) blüht gleich zweimal von Juni bis Juli und erneut, nach Rückschnitt, bis September.

6 ***Aster amellus* 'Veilchenkönigin'** (4x) schmückt das Beet von August bis zum ersten Frost mit auffälligen blauvioletten Blüten.

7 ***Linaria purpurea* 'Canon J. Went'** (1x) ist ein Dauerblüher von Juli bis Oktober – dringend nach der Blüte schneiden, da sich dieses Leinkraut sonst schnell versamt.

8 ***Aster dumosus* 'Rosenwichtel'** (5x) ist eníne tolle Randbepflanzung für den Herbst mit Blütenteppichen von September bis Oktober. Wer's lieber blau mag, kann zur *Aster dumosus* 'Prof. Anton Kippenberg' greifen.

9 ***Scabiosa columbaria* 'Pink Mist'** (3x) blüht von Juli bis Oktober – auch hier gibt es Farbvarianten in Blau und Weiß.

10 ***Cosmos atrosanguineus*** (2x) – die Schokoladen-Cosmea ist leider nicht winterhart, trotzdem passt sie mit ihrer Blüte von Juli bis Oktober toll ins Beet .

11 ***Geranium x cantabrigiense* 'Cambridge'** (5x) schmückt mit pinkfarbenen Blüten von Mai bis Juli die Beetränder. Die Pflanze breitet sich recht schnell aus, dafür ist sie aber absolut anspruchslos.

12 ***Sedum telephium* 'Herbstfreude'** (4x) ist die standfesteste unter den *Sedum*-Sorten mit einer Blüte von September bis Oktober und attraktiven Samenständen.

13 ***Geranium cinereum* 'Ballerina'** (4x) ist klein, aber fein, mit langer Blütezeit von Juli bis September.

14 ***Euphorbia amygdaloides* 'Purpurea'** (4x) bildet limettengelbe Blüten von April bis Juni, die einen tollen Kontrast zum Salbei 'Caradonna' bieten.

15 ***Agastache rugosa* 'Black Adder'** (3x) blüht von Juli bis September und liefert zusätzlich attraktive Samenstände.

16 ***Thymus serpyllum*** (5x) – dieser kriechende Thymian zieht mit seinen Blüten von Juni bis August Bienen an.

17 ***Erigeron karvinskianus*** (1x) – das Spanische Gänseblümchen blüht von Mai bis Oktober und wächst in der kleinsten Ritze! Hitze macht ihm überhaupt nichts aus.

BEETPLAN HALBSCHATTEN

Die Herausforderung dieses Standortes ist der Wechsel aus Sonne und Schatten. Ein Vorteil ist, dass durch den Schatten zur Mittagszeit die Bodenfeuchte höher ist und du dementsprechend weniger gießen musst. Viele Stauden neigen sich jedoch gerne Richtung Sonne, wenn sie zu schattig stehen, und sind versucht zu kippen. Es gibt aber genügend Stauden, die mit Sonne und Halbschatten gleichermaßen zurechtkommen.

Im Hintergrund dieses Beets stehen Gehölze, die den Grundstückszaun verdecken und ein bisschen Lärm- und Sichtschutz bieten. Sonne kommt daher nur zum Teil an. Die Gehölze nehmen dem Boden leider zudem viel Feuchtigkeit, daher wird bei diesem Beet auf Pflanzen gesetzt, die gut mit Trockenheit zurechtkommen.

Im Frühling erblüht das Beet mit unzähligen Narzissen und Tulpen. Die Narzisse 'Thalia' bildet mehrere Blüten am Stiel und schafft so schnell Fülle. Farblich bilden die Tulpen 'Silver Cloud' und 'Queen of Night' schöne Kontraste zum reinen Weiß der Narzissen.

Herbstfarben im Garten und Struktur durch den Verzicht auf Rückschnitt: Die Kombination aus spät blühenden Stauden, gefärbtem Laub und Gräsern und den Resten der verblühten Stauden füllen das Beet auch im Herbst noch so aus, dass es einem an nichts fehlt.

Im Winter besticht dieses Beet immer noch mit einer guten Struktur. Highlights sind vor allem die Aster 'Madiva' und der Ziest 'Hummelo', deren Samenstände das Beet bis zum Frühjahr beharrlich schmücken.

Beetgröße: 2 x 4 m **Standortbedingungen:** Halbschatten mit Gehölzen

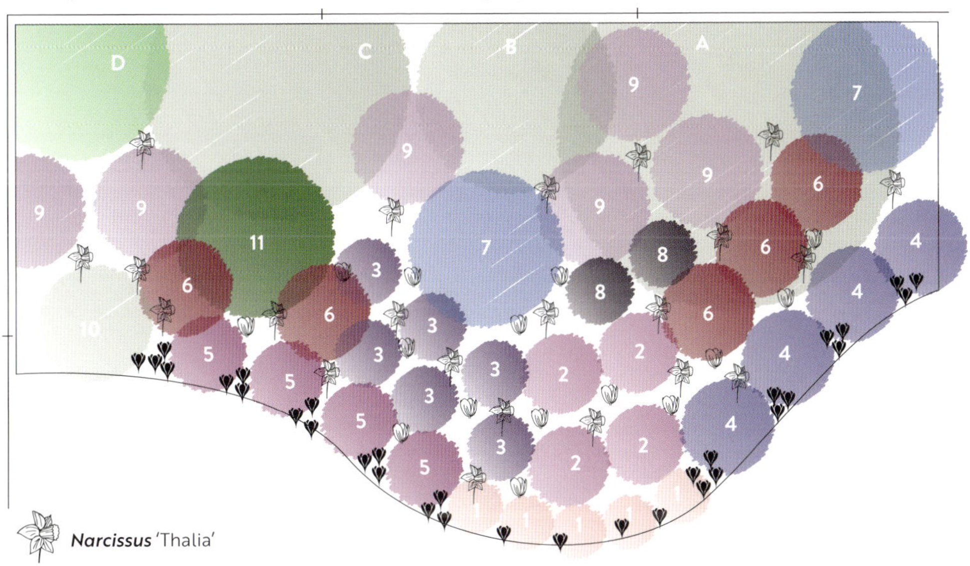

Narcissus 'Thalia'

Tulipa 'Silver Cloud' und 'Queen of Night' gemischt

Crocus 'Blue Pearl'

A *Hibiscus syriacus* **'Marina'** (1x) blüht üppig von Juli bis September

B *Cornus kousa* **'Kreuzdame'** (1x) – der klein bleibende Hartriegel blüht im Juni und hat eine spektakuläre Herbstfärbung. Er mag leicht sauren Boden.

C *Prunus laurocerasus* **'Novita'** (1x) – den Kirschlorbeer kannst du aus Platzgründen aufasten.

D *Fargesia nitida* **'Jiuzhaigou 1'** (1x) – der Bambus bleibt kompakt und bildet keine Ausläufer.

1 *Veronica spicata* **'Inspire Rose'** (5x) ist eine ganz niedrige Ehrenpreis-Sorte, die ab Juli blüht und sich perfekt für den Beetvordergrund eignet.

2 *Stachys monnieri* **'Hummelo'** (4x) ist eine der schönsten Stauden fürs Beet mit knallig pinken Blüten und guter Standfestigkeit den ganzen Winter durch.

3 *Salvia nemorosa* **'Caradonna'** (6x) blüht von Juni bis Juli, nach Rückschnitt erneute Blüte bis September. Er darf allerdings nicht zu schattig stehen!

4 *Geranium wlassovianum* (4x) bildet eher unscheinbare blaue Blüten von Juli bis September, wichtiger ist hier die knallig rote Herbstfärbung!

5 ***Geranium sanguineum*** **'Ron Leed'** (4x) ist ein sehr wüchsiger Storchschnabel, der lange blüht und wintergrün das ganze Jahr gut aussieht.

6 ***Sedum telephium*** **'Matrona'** (5x) ist eine der schönsten *Sedum*-Sorten mit dunklem Laub und weißrosa Blüten im Herbst.

7 ***Geranium wallichianum*** **'Rozanne'** (2x) ist und bleibt der unschlagbare Dauerblüher mit einem violettblauen Blütenmeer von Juni bis November.

8 ***Iris barbata-elatior*** **'Rosalie Figge'** (2x) bildet dunkelviolette Blüten im Mai und ein zweites Mal im September, das schwertartige Laub gibt Struktur. Eine helle Alternative ist die remontierende Sorte 'Eternal Bliss'.

9 ***Kalimeris incisa*** **'Madiva'** (6x) – durch ihre Blüte von Juni bis September zählt diese Sorte definitiv zu den Dauerblühern. Ihr Laub färbt sich im Herbst gelb.

10 ***Campanula carpatica*** **'Weiße Clips'** (1x) blüht lange und üppig – auch an komplizierteren Stellen.

11 ***Pennisetum*** **'Hameln'** (1x) ist ein wunderschönes Gras, das sich im Herbst leuchtend gelb färbt (Blüte von Juli bis Oktober).

BEETPLAN FEUCHTER SCHATTEN

Wenn du in deinem Garten dunkle Ecken hast, die feucht sind, umso besser! Denn hier gibt es eine Vielzahl an herrlichen Schattenstauden, die mit üppigem Grün und teilweise erstaunlich schöner Blüte gedeihen. Hier wachsen sattgrüne Pflanzen mit großen Blättern, ohne dass man viel dafür tun muss, und auch Hortensien dürfen sich hier fröhlich breit machen.

Beetgröße: 7 x 4 m

Standortbedingungen: feuchter Schatten

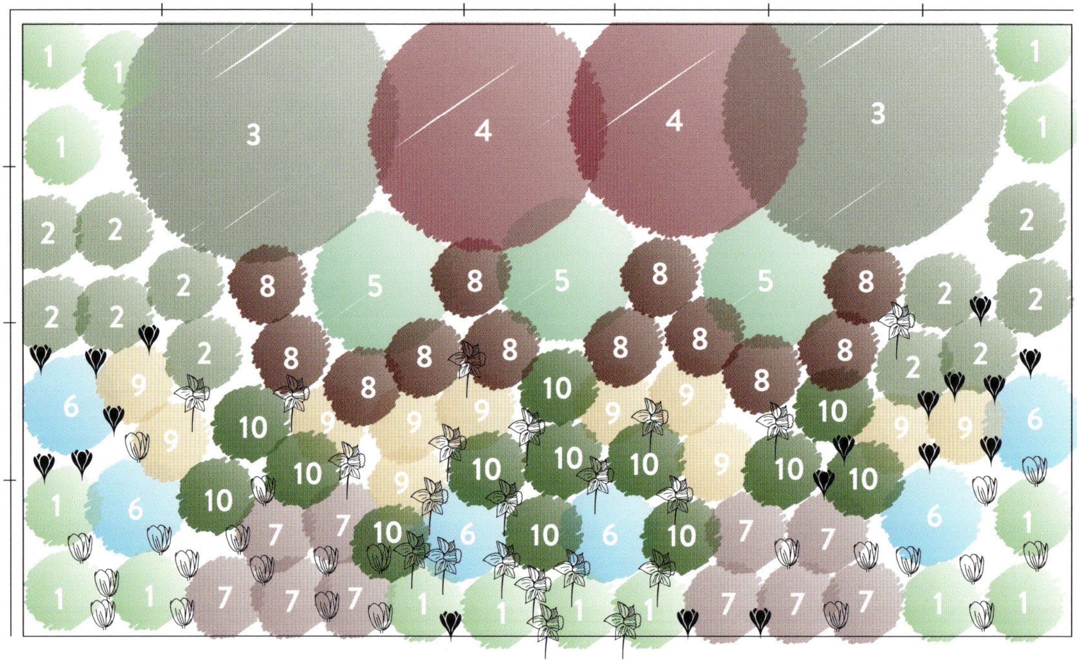

Galanthus *Narcissus moschatus* *Crocus tommasinianus*

1 ***Hakonechloa macra*** (15x) fühlt sich im feuchten Schatten super wohl. Im Herbst leuchtet die Pflanze gelb.

2 ***Persicaria microcephala* 'Red Dragon'** (11x) ist ein rotblättriger Knöterich mit relativ unscheinbaren weißen Blüten, die sich aber nichtsdestotrotz wunderschön vom dunklen Laub abheben. Er blüht von Juli bis August.

3 ***Hosta sieboldiana* 'Elegans'** (2x) bildet mit ihren riesigen Blättern einen tollen Hintergrund im Beet. Die sehr üppigen weißen lilienartigen Blüten erscheinen im Juni/Juli.

4 ***Cimicifuga simplex* 'Brunette'** (2x) blüht von August bis Oktober und ist mit einer Höhe von fast 2 Metern eine imposante Erscheinung.

5 ***Anemone japonica* 'Whirlwind'** (3x) setzt weiße Akzente von August bis Oktober.

6 ***Hosta x fortunei* 'Patriot'** (6x) bildet einen ganz tollen Kontrast zu *Hakonechloa macra*. Auch die gelbe Herbstfärbung macht diese Hosta im Beet unverzichtbar. Sie blüht von Juni bis Juli in zartem Lila.

7 ***Heucherella* 'Quicksilver'** (10x) sorgt im Beetvordergrund das ganze Jahr über für ein bisschen Farbe. Das dunkle Laub nimmt noch einmal den Ton der Silberkerze im Hintergrund auf.

8 ***Geranium phaeum*** (12x) ist ein absolut schattenverträglicher Storchschnabel mit sehr dunklen lila Blüten und einer irre langen Blütezeit von Mai bis September.

9 ***Bergenia cordifolia*** (11x) ist völlig anspruchslos, was Boden und Standort angeht. Hier im feuchten Schatten bildet die Pflanze besonders kräftige Blätter und Blüten von April bis Mai. Ihr Laub schmückt das Beet rund ums Jahr.

10 ***Aster divaricatus* 'Tradescant'** (13x) sorgt zwischen den großen Blättern der Bergenia und Hosta für Leichtigkeit. Sie blüht von Juli bis Oktober.

BEETPLAN FÜR DEN VORGARTEN

Dieser Bereich ist der Teil des Gartens, den man immer sieht, weil man täglich daran vorbeigeht – und den auch andere sehen. Er sollte daher möglichst gepflegt aussehen, aber natürlich nicht viel Arbeit machen. Oft findet man hier eine Kombination aus Gehölzen und Stauden. Lange Blütezeiten sind für den Vorgarten genauso wichtig wie eine schöne Struktur im Winter.

Wer kühle Farben bevorzugt, liegt mit der folgenden Pflanzkombi genau richtig. Blau und Lila überwiegen dabei. Erst im Herbst wird es durch die Fetthenne farblich etwas wärmer im Beet. Die Moschus-Rose 'Mozart', hier im Beethintergrund, ist robust und blüht die ganze Saison durch.

Beetgröße: 7 x 4 m **Standortbedingungen:** feuchter Schatten

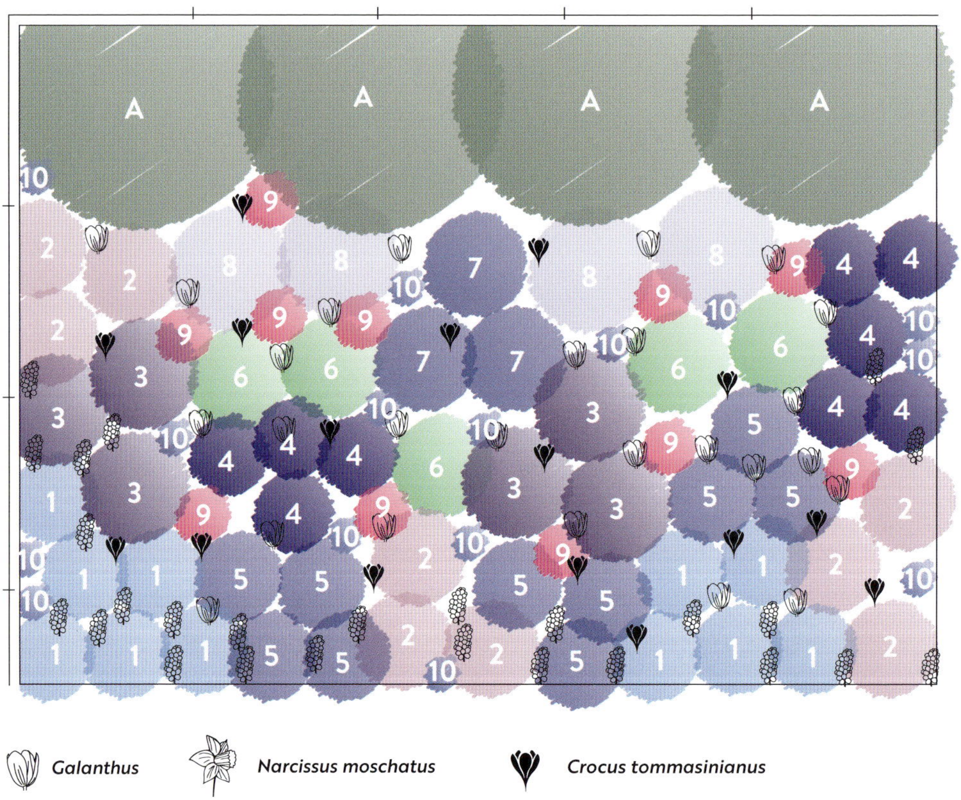

A ***Rosa moschata* 'Mozart'** (4x) blüht von Juni bis September durchgehend. Wem die 'Mozart' farblich zu kräftig ist, greift zur Sorte 'Ballerina'.

1 ***Nepeta racemosa* 'Superba'** (11x) blüht ab Mai.

2 ***Sedum telephium* 'Herbstfreude'** (9x) ist ein unverwüstlicher *Sedum*-Klassiker.

3 ***Aster novae-angliae* 'Purple Dome'** (6x) ist eine der am spätesten blühenden Astern. Sie legt im September los und blüht bis in den November.

4 ***Aster amellus* 'Veilchenkönigin'** (9x), blüht ab August bis Oktober, und das gesund und standfest. Sogar die Samenstände sind danach noch schön im Beet.

5 ***Salvia nemorosa* 'Mainacht'** (10x) ist eine Alternative für diejenigen, denen die sonst so beliebte Sorte 'Caradonna' zu hoch oder zu schlank wächst. 'Mainacht' ist etwas buschiger und blüht ab Mai.

6 ***Echinacea purpurea* 'Alba'** (5x) bringt ab Juli Licht ins Beet. Mutige pflanzen die Sorte 'Green Jewel', die fast noch besser zu den Lilatönen im Beet passt.

7 ***Iris barbata* 'Rosalie Figge'** (3x) – hier könnte auch jede andere dunkel blühende Bartiris stehen (z. B. 'Superstition'). Die 'Rosalie Figge' empfiehlt sich, weil sie sehr wüchsig ist und zuverlässig üppig blüht – das sogar zweimal.

8 ***Kalimeris incisa* 'Madiva'** (4x) darf in kaum einem Beet fehlen. Die gesunde Staude blüht ab Juli und kommt mit Sonne bis Halbschatten gut klar.

9 ***Aquilegia vulgaris* 'Grandmothers Garden'** (11x) ist eine wilde Akeleimischung mit weißen, rosa, lila oder blauen Blüten, die sich gerne versamt. Wer das nicht mag, kappt Verblühtes. Blütezeit ist von Mai bis Juni.

10 ***Anemone blanda* 'Blue Shades'** (15x) ist an Niedlichkeit im Frühjahr kaum zu übertreffen. Über die Jahre bildet sie blaue Teppiche mit Blüten (März bis April).

PFLANZEN PORTRÄTS

LEGENDE

Blüte · Standort · Höhe · Pflanzenbedarf

Aussaat · Pflanztiefe · Empfehlung

VOLLSONNIGER STANDORT

DUFTNESSEL

AGASTACHE RUGOSA-HYBRIDE 'BLACK ADDER'

- sonnig und trocken
- ca. 4 Stück pro Quadratmeter
- Juli bis September
- 80–100 cm

Die Duftnessel bildet blauviolette Blütenkerzen und zieht Schmetterlinge magisch an. Auch im Winter sieht sie toll aus und gibt Struktur!

SOMMER-ASTER

ASTER AMELLUS 'VEILCHENKÖNIGIN'

- sonnig
- 6 Stück pro Quadratmeter
- August bis Oktober
- 50–60 cm

Diese Sommer-Aster blüht bis zum ersten Frost in einem beeindruckenden Blauviolett. Noch dazu ist sie absolut mehltauresistent!

KISSEN-ASTER

ASTER DUMOSUS 'ROSENWICHTEL'

- sonnig
- 11 Stück pro Quadratmeter, vermehrt sich über Ausläufer
- Juli bis September
- 20–25 cm

Kleine Kissen-Aster, die im Beetvordergrund wächst und sich super gut vermehren lässt. Sie neigt nur bei überaus starker Trockenheit zu Mehltau, ist ansonsten sehr robust.

TEPPICH-MYRTEN-ASTER

ASTER ERICOIDES 'SNOWFLURRY'

- sonnig
- ca. 4 Stück pro Quadratmeter
- September bis Oktober
- 15–25 cm

Die Teppich-Myrten-Aster breitet sich mit ihren unzähligen Blüten teppichartig aus. Sie kommt super mit Trockenheit klar und stellt an den Boden keine Ansprüche.

RAUBLATT-ASTER

ASTER NOVAE-ANGELIAE 'PURPLE DOME'

- sonnig
- ca. 4 Stück pro Quadratmeter
- September bis November
- 50–60 cm

Noch so ein lila Knaller im Beet. Diese Sorte der Raublatt-Aster blüht sehr spät, dafür bis zum ersten Frost. Sie kippt nicht und ist resistent gegen Mehltau.

KARPATEN-GLOCKENBLUME

CAMPANULA CARPATICA 'WEISSE CLIPS'

- sonnig (schön im Beetvordergrund)
- 10 Stück pro Quadratmeter
- Juni bis Juli
- 20–30 cm

Diese zierliche Karpaten-Glockenblume bildet üppige Blütenkissen. Sie ist sehr robust und kommt zuverlässig jedes Jahr wieder.

PURPUR-SONNENHUT

ECHINACEA PURPUREA

- sonnig
- ca. 8 Stück pro Quadratmeter
- Juli bis September
- 70–100 cm
- *Echinacea purpurea* 'Alba'

Der Purpur-Sonnenhut ist ein Dauerblüher und Farbknaller im Beet. Er verdient mit seiner langen Blütezeit und den schönen Samenständen im Winter einen Platz in jedem Garten.

PURPUR-WOLFSMILCH

EUPHORBIA AMYGDALOIDES 'PURPUREA'

- sonnig bis halbschattig
- 4 Stück pro Quadratmeter
- April bis Juni
- 30–40 cm

Die Mandelblättrige Purpur-Wolfsmilch wächst kräftig und ohne viel Wassergaben und liefert im Winter ein wunderschönes Bild. Färbt sich im Herbst in der Sonne knallrot.

PRACHTKERZE

GAURA LINDHEIMERI

- sonnig und trocken
- ca. 4 Stück pro Quadratmeter
- Juli bis September
- 60–100 cm
- *Gaura lindheimeri* 'Whirling Butterflies'

Die Prachtkerze bringt mit ihren luftigen Blütenwolken Leichtigkeit in jedes Beet. Sie hat eine lange Blütezeit, kommt sehr gut mit Trockenheit klar und ist super kombinierbar.

BLUT-STORCHSCHNABEL

GERANIUM SANGUINEUM 'RON LEED'

- sonnig bis halbschattig
- 16 Stück pro Quadratmeter (sehr wüchsig!)
- Juni bis August
- 20–30 cm

Der Blut-Storchschnabel ist ein absolut robuster Dauerblüher mit dunklen pinken Blüten und wintergrünem Laub.

SIBIRISCHER STORCHSCHNABEL

GERANIUM WLASSOVIANUM

- sonnig bis halbschattig
- 8 Stück pro Quadratmeter
- Juli bis September
- 30–40 cm

Sibirischer Storchschnabel trägt eher unscheinbare blauviolette Blüten, dafür ist die Herbstfärbung des Laubs spektakulär.

HOHE BARTSCHWERTLILIE

IRIS BARBATA-ELATIOR

- sonnig, trocken, nicht zu tief einpflanzen
- ca. 4 Stück pro Quadratmeter
- Mai
- je nach Sorte 60–100 cm
- ♥ *Iris barbata-elatior* 'Rosalie Figge' (remontiert)

Die Hohe Bartschwertlilie ist eine unkomplizierte Staude mit vielen Sorten, die sich leicht vermehren lässt und auch nach der Blüte eine gute Struktur im Beet gibt.

LAVENDEL

LAVANDULA ANGUSTIFOLIA 'HIDCOTE BLUE'

- sonnig
- 8 bis 10 Stück
- Juli bis September
- 25–40 cm

Wunderschöner Lavendel mit einer tiefblauen Blüte und angenehmem Duft. Ein Rückschnitt nach der ersten Blüte fördert eine zweite.

ROSA LEINKRAUT

LINARIA PURPUREA 'CANON J. WENT'

- sonnig
- 9 Stück pro Quadratmeter
- Juli bis Oktober
- 60–80 cm

Das Rosa Leinkraut überzeugt mit einer Blütenfülle und langen Blütezeit. Es sollte auf kargem Boden in der vollen Sonne stehen. Achtung: Leinkraut sät sich stark selbst aus.

INDIANERNESSEL

MONARDA FISTULOSA

- sonnig
- 4 Stück pro Quadratmeter
- Juli bis September
- von 40–100 cm ist alles dabei
- ♥ *Monarda fistulosa* 'Beauty of Cobham' und *Monarda fistulosa var. menthifolia* 'Mohikaner'

Die Indianernessel neigt zu Mehltau und ist etwas zickig. Mittlerweile gibt es aber einige resistente Züchtungen.

PFINGSTROSE

PAEONIA

- sonnig
- 1 bis 3 Stück pro Quadratmeter
- Mai bis Juni
- 80–100 cm

Die gefüllten Blüten der Pfingstrose sind teilweise sehr schwer, daher müssen viele Sorten gestützt werden. Sollte am gewählten Standort bleiben, da sie Platzwechsel nicht mögen.

BRANDKRAUT

PHLOMIS TUBEROSA 'AMAZONE'

- sonnig
- 4 Stück pro Quadratmeter
- Juni bis Juli
- sortenabhängig 50–100 cm

Die Tuberosa-Sorten sind zartlila und ein Traum – brauchen allerdings viel Platz! Brandkraut in allen Varianten ist im Winter unverzichtbar im Garten.

FLAMMENBLUME

PHLOX AMPLIFOLIA

- sonnig
- 2 Stück pro Quadratmeter
- Juli bis August
- gut 1 m
- *Phlox amplifolia* 'David'

Die Flammenblume neigt zu Mehltau, wenn sie am falschen Standort steht oder zu wenig Wasser bekommt. Die Amplifolia-Sorten sind etwas resistenter.

STEPPENSALBEI

SALVIA NEMOROSA

- sonnig
- 8 Stück pro Quadratmeter
- Juni bis September
- 40–80 cm (sortenabhängig)
- *Salvia nemorosa* 'Caradonna' und *Salvia nemorosa* 'Schneehügel'

Steppensalbei ist unkompliziert und wächst auf gut durchlässigem Boden zuverlässig. Remontiert nach Rückschnitt.

SKABIOSE

SCABIOSA COLUMBARIA

- sonnig
- 10 Stück pro Quadratmeter
- Juni bis September
- ca. 50 cm

Ein absoluter Dauerblüher und Insektenmagnet. Die Skabiose kommt super mit Trockenheit zurecht. Es gibt auch pinke und vanillegelbe Sorten.

FETTHENNE

SEDUM TELEPHIUM

- sonnig
- 4 Stück pro Quadratmeter
- August bis September
- 60 cm
- *Sedum telephium* 'Matrona' und *Sedum telephium* 'Herbstfreude'

Das Hohe Fettblatt, auch Fetthenne genannt, ist im Herbst und Winter nicht wegzudenken.

ZOTTIGER ZIEST

STACHYS MONNIERI 'HUMMELO'

- sonnig
- 8 Stück pro Quadratmeter
- Juni bis August
- 40–50 cm

Pinker Knaller im Beet, der auch im Herbst und Winter für eine schöne Struktur sorgt. Der Zottige Ziest mag trockenen und nicht zu fetten Boden.

KAUKASUS-GAMANDER

TEUCRIUM HIRCANICUM

- sonnig
- 6 Stück pro Quadratmeter
- Juni bis Oktober
- ca. 60 cm

Kaukasus-Gamander setzt sich auch an den trockensten Stellen durch und ist ein absoluter Bienenmagnet. Wächst schön in Kombination mit Trommelstocklauch.

ARGENTINISCHES EISENKRAUT

VERBENA BONARIENSIS

- sonnig
- 6 bis 8 Stück pro Quadratmeter
- Juli bis Oktober
- 80–120 cm

Das nicht ganz winterharte zweijährige Argentinische Eisenkraut bringt in Tuffs gepflanzt Leichtigkeit ins Beet.

HALBSCHATTEN UND SCHATTEN

KRIECHENDER GÜNSEL

AJUGA REPTANS

- sonnig bis halbschattig
- 16 Stück pro Quadratmeter
- Mai bis Juni
- 10–15 cm
- *Ajuga reptans* 'Black Scallop'

Der Kriechende Günsel ist ein perfekter Bodendecker für den nicht gar so trockenen Schatten mit üppiger Blüte. Ein Insektenmagnet, der auch im Winter sein Laub behält.

JAPAN-HERBSTANEMONE

ANEMONE JAPONICA 'WHIRLWIND'

- halbschattig
- 4 bis 5 Stück pro Quadratmeter
- August bis Oktober
- 80–100 cm

Weißblühende halbgefüllte Japan-Herbstanemone, deren weiße Blüten auch gut für die Vase geeignet sind.

WILD-ASTER

ASTER AGERATOIDES 'BLAUKUPPEL'

- sonnig bis halbschattig
- 5 Stück pro Quadratmeter
- Juli bis September
- 50 cm

Die kleine Schwester der Sorte 'Asran' breitet sich nicht so stark aus, ist aber nicht minder robust und vor allem sehr blühfreudig. Trockenheit macht dieser Wild-Aster nichts aus!

GLATTE ASTER

ASTER LAEVIS 'CALLIOPE'

- sonnig bis halbschattig
- 2 bis 3 Stück pro Quadratmeter
- September bis Oktober
- 1,50 m bis 1,80 m

Schattenverträgliche und hochwachsende Glatte Aster mit heller üppiger Blüte. Da sie sehr groß wird, braucht man nicht viele Pflanzen, um Wirkung zu erzielen.

GROSSE STERNDOLDE

ASTRANTIA MAJOR

- sonnig bis halbschattig
- 4 Stück pro Quadratmeter
- Juni/Juli und September
- 45 cm
- *Astrantia major* 'Moulin Rouge'

Hat man erst mal den perfekten Standort gefunden, blüht die Große Sterndolde lange und versamt sich auch fleißig. Die Blüten eignen sich gut für die Vase.

BERGENIE

BERGENIA

- sonnig bis halbschattig
- sortenabhängig, ca. 6 Stück pro Quadratmeter
- April bis Mai
- 25–50 cm

Immergrüne Staude, die mit Trockenheit klarkommt und in keinem Garten fehlen sollte. Bei sonnigem Standort nehmen die Blätter der Bergenie eine schöne Herbstfärbung an.

KAUKASUS-VERGISSMEINNICHT

BRUNNER MACROPHYLLA 'JACK FROST'

- halbschattig, absonnig
- 8 Stück pro Quadratmeter
- April bis Juni
- 30–40 cm

Diese Sorte des Silbrigen Kaukasus-Vergissmeinnicht hat zwar eine unscheinbare Blüte, glänzt aber mit üppigem, auffälligem Laub. Noch auffälliger ist das Laub der Sorte 'Jack Frost'.

KNÄUEL-GLOCKENBLUME

CAMPANULA GLOMERATA 'GENTI BLUE'

- sonnig bis schattig
- 10 Pflanzen pro Quadratmeter
- Juni bis August
- 40–50 cm

Diese Knäuel-Glockenblume funktioniert im Schatten prächtig und kommt sehr gut mit Trockenheit klar. Durch die üppigen Blütenbälle hat sie eine tolle Fernwirkung im Beet.

CHINESISCHE BLEIWURZ

CERATOSTIGMA PLUMBAGINOIDES

- sonnig bis halbschattig
- 16 Stück pro Quadratmeter
- August bis Oktober
- 20–25 cm

Der Chinesische Bleiwurz ist die ideale Bepflanzung für trockenen Gehölzrand. Er blüht in klarem Kobaltblau und im Herbst färbt sich das Laub rotorange.

OKTOBER-SILBERKERZE

CIMICIFUGA SIMPLEX 'BRUNETTE'

- halbschattig bis schattig
- 1 Stück pro Quadratmeter
- August bis Oktober
- 140–200 cm

Diese Oktober-Silberkerze wird bis zu 2 Meter hoch und ist somit perfekt für den Beethintergrund geeignet, wirkt aber auch für sich alleine. Trockenheit verträgt sie nicht.

TEPPICH-WALDREBE

CLEMATIS X JOUINIANA 'PRAECOX'

- sonnig bis halbschattig
- 1 Stück pro Quadratmeter
- August bis September
- 30 cm – kann mit Rankhilfe aber auch klettern!

Die Teppich-Waldrebe deckt den manchmal schwierig zu bepflanzenden trockenen Schatten am Gehölzrand problemlos ab. Gib ihr 1 bis 2 Jahre – und bis zu 2 Quadratmeter sind grün!

MAIGLÖCKCHEN

CONVALLARIA MAJALIS

- halbschattig
- 16 Stück pro Quadratmeter. Mit ca. 25 cm Abstand setzen, breitet sich aber sehr schnell aus!
- Mai bis Juni
- 20–30 cm

Das Maiglöckchen sollte eigentlich in keinem Garten fehlen – dabei darf man aber seine Ausbreitungsfreudigkeit nicht vergessen. Am besten in gut begrenzte Bereiche pflanzen.

ALPENVEILCHEN

CYCLAMEN

- halbschattig
- 16 Stück pro Quadratmeter
- Februar bis März oder August bis Oktober
- 10–15 cm

Alpenveilchen machen sich gut am Gehölzrand. Es gibt die frühlingsblühenden Cyclamen coum und herbstblühenden Cyclamen hederifolium.

FINGERHUT

DIGITALIS PURPUREA 'DALMATIAN PEACH'

- sonnig bis halbschattig
- 5 Stück pro Quadratmeter
- Juni bis Juli
- 40–50 cm

Fingerhut ist zwar als zweijährige Staude nicht sehr langlebig, sät sich aber selbst aus und kommt da, wo er sich wohlfühlt, immer wieder.

SCHNEEROSE

HELLEBORUS X GLANDORFENSIS 'ICE N'ROES'

- halbschattig
- 4 Stück pro Quadratmeter
- Dezember bis ins späte Frühjahr
- 50–60 cm

Diese Sorte der Schneerose ist eine Kreuzung aus Christrose und Lenzrose. Sie ist immergrün, wächst kräftig und bildet viele Blüten, die bis ins späte Frühjahr schön bleiben.

PURPURGLÖCKCHEN

HEUCHERA

- sonnig bis halbschattig
- ca. 8 Stück pro Quadratmeter
- Juni bis August, meist unscheinbare Glöckchen
- 30–50 cm
- *Heuchera-Hybride* 'Frosted Violet'

Das Purpurglöckchen ist eine Blattschmuckstaude für sonnige wie schattige Ecken, die im Herbst in Kombination mit niedrigen Astern und Sedum farbliche Akzente setzt.

BLAUBLATT-FUNKIE

HOSTA SIEBOLDIANA 'ELEGANS'

- halbschattig bis schattig
- 1 Stück pro Quadratmeter
- Juni/Juli
- 80 cm

Die Blaublatt-Funkie 'Elegans' zählt zu den größten *Hostas* und ist eine echte Erscheinung im Beet. Schnecken mögen sie wegen ihrer dicken fleischigen Blätter nicht!

WEISSRANDIGE GRAUBLATT-FUNKIE

HOSTA X FORTUNEI 'PATRIOT'

- halbschattig bis schattig
- 1 bis 3 Stück pro Quadratmeter
- Juni/Juli
- 60–80 cm

Die Weißrandige Graublatt-Funkie bildet runde Horste, blüht im Sommer in zartem Lila und färbt sich im Herbst leuchtend gelb. Sie gehört zu den Hostas, die auch mit Sonne klarkommen.

BALKAN-STORCHSCHNABEL

GERANIUM MACRORRHIZUM 'SPESSART'

- sonnig bis schattig
- 10 Stück pro Quadratmeter
- Mai bis Juli
- 25–35 cm

Perfekt für ganz komplizierte Ecken wie Gehölzrand. Der einzige Anspruch, den dieser Balkan-Storchschnabel hat: Er sollte trocken stehen! Das Laub ist wintergrün.

STORCHSCHNABEL

GERANIUM WALLICHIANUM 'ROZANNE'

- sonnig bis absonnig, halbschattig
- 4 Stück pro Quadratmeter
- Juni bis Oktober
- 50–60 cm

Kaum eine Sorte vom Storchschnabel blüht so lange und üppig wie diese. Die Blühzeit deckt die komplette Gartensaison ab. Dabei nimmt die Staude von Jahr zu Jahr an Größe zu.

DREIBLATTSPIERE

GILLENIA TRIFOLIATA

- halbschattig
- 6 bis 8 Stück pro Quadratmeter
- Juni bis Juli
- 60–80 cm

Die Dreiblattspiere ist eine filigrane Blühstaude für den Halbschatten mit spektakulärer Herbstfärbung. Wenn sie sich an ihrem Standort wohlfühlt, wächst sie üppig.

KLEINKÖPFIGER KNÖTERICH

PERSICARIA MICROCEPHALA 'RED DRAGON'

- halbschattig bis schattig
- 4 bis 6 Stück pro Quadratmeter
- Juli bis August
- 60–75 cm

Kleinköpfiger Knöterich punktet mit seinen rot panaschierten Blättern – die Blüten sind dabei eher unscheinbar.

ROSENWALDMEISTER

PHUOPSIS STYLOSA

- sonnig bis halbschattig
- 7 bis 9 Stück pro Quadratmeter
- Juni bis August
- ca. 20–30 cm

Einmal etabliert, verbreitet sich der Rosenwaldmeister rasant. Mit seinen zarten rosafarbenen Blüten ist er aber ein schöner Bodendecker für den Halbschatten.

ZIPFELBLÄTTRIGE SCHAUMBLÜTE

TIARELLA LACINIATA 'PINK SKYROCKET'

- halbschattig bis schattig
- 10 bis 12 Stück pro Quadratmeter
- April bis Juni
- 20–30 cm

Wunderschönes wintergrünes Schattengewächs mit niedlicher langer Blüte. Zipfelblättrige Schaumblüte sieht Kombination mit Günsel toll aus.

GRÄSER UND GEHÖLZE

BERG-REITGRAS

CALAMAGROSTIS VARIA

- sonnig bis halbschattig
- 2 Stück pro Quadratmeter
- Juli bis September
- 80–100 cm

Auf der Suche nach einem Gras, das auch in trockenen schattigen Ecken wächst, bin ich mit dem Berg-Reitgras fündig geworden. Es ist sehr wüchsig und bildet üppige Horste!

JAPANISCHES BERGGRAS

HAKONECHLOA MACRA

- halbschattig bis schattig
- 6 Stück pro Quadratmeter
- Juli bis August
- 40–60 cm

Das Japanische Berggras liebe ich! Es mag feuchte schattige Ecken und nach seiner Etablierung am Standort bildet es wallende Horste, die sich im Herbst goldgelb färben.

LAMPENPUTZERGRAS

PENNISETUM 'CASSIAN'

- sonnig
- 1 Stück pro Quadratmeter
- August bis Oktober
- 80–90 cm

Wunderschönes großes Lampenputzergras mit toller goldgelber Herbstfärbung und üppiger Blüte, das auch im Winter noch Fülle im Beet gibt.

JAPANISCHER AHORN

ACER PALMATUM

halbschattig
1 Stück pro Beet
Mai
500–700 cm

Der Japanische Ahorn ist ein echter Hingucker und durch seine architektonische Stammform auch im Winter interessant. Es gibt viele Exemplare, die auch übers Jahr ihre Blattfarbe ändern. Er verträgt keine komplette Sonne, ein Plätzchen im Halbschatten ist ideal.

BALLHORTENSIE

HYDRANGEA ARBORESCENS 'ANNABELLE'

halbschattig bis schattig
1 Stück pro Quadratmeter
Juni–September
100–150 cm

Die 'Annabelle' ist eine Anfängerhortensie, man muss nicht viel beachten, außer dass sie viel Wasser benötigt. Deshalb wird sie gerne in den Schatten bis Halbschatten gepflanzt. Im Frühjahr erfolgt der Rückschnitt auf etwa 30 cm.

ZIERAPFEL

MALUS 'RED SENTINEL'

sonnig bis halbschattig
1 Stück pro Beet
April–Mai
400–500 cm

Der Zierapfel macht sich immer gut in kleinen Gärten. Er besticht durch eine wunderschöne Blüte im Frühjahr und kleine Äpfelchen, die bis in den Winter hängen und Farbe in den Garten bringen.

SCHNITTBLUMEN UND DAHLIEN

LÖWENMÄULCHEN

ANTIRRHINUM MAJUS VAR. MAXIMUM 'SUMMER LAVENDER'

- sonnig bis halbschattig
- im Februar/März in Aussaatschalen im Haus und ab Mitte April ins Beet pflanzen
- Juli bis zu den ersten Frösten
- 90 cm

In rauchigem Lavendelrosa gefärbtes Löwenmäulchen mit üppiger, sehr großer Blüte! Diese Sorte eignet sich perfekt zum Schnitt für die Vase.

AKELEI

AQUILEA VULGARIS 'CLEMENTINE WHITE'

- sonnig bis halbschattig
- 10 pro Quadratmeter
- Mai bis Juli
- 40–50 cm

Die Akelei ist ein anspruchsloser Frühblüher mit riesiger Sortenvielfalt. Sie versamt sich gerne und kommt dann gern mal in anderer Form und Farbe wieder.

SCHOKOLADEN-KOSMEE

COSMOS ATROSANGUINEUS

- Standort: sonnig und trocken
- ca. 4 Stück pro Quadratmeter
- Juli bis September
- 80–100 cm

Die Schokoladen-Kosmee mit Blüten in samtigem Rot ist nicht frosthart, ist aber trotzdem eine Bereicherung für jedes Beet. Sie duftet – daher der Name – nach Schokolade!

SCHMUCKKÖRBCHEN

COSMOS BIPINNATUS

- sonnig
- im Februar/März in Aussaatschalen im Haus und ab Mitte April ins Beet pflanzen
- Juli bis Oktober
- 120 cm

Kosmeen oder Schmuckkörbchen gibt es meist in Weiß- oder Rosatönen. Sehr einfach auszusäen – geht auch gut direkt ins Beet!

SONNENBLUME

HELIANTHUS ANNUUS 'PRO CUT WHITE & BLACK'

- sonnig
- ab Mitte April direkt ins Beet, ca. 2 cm tief
- ca. Juni bis September
- 80–100 cm

Diese Sonnenblume bildet eine cremeweiße Blüte mit schwarzer Mitte, die wirklich unfassbar schön vor allem in Masse gepflanzt aussieht.

SOMMER-PHLOX

PHLOX DRUMMONDII 'CHERRY CARAMEL'

- sonnig
- im Februar/März in Aussaatschalen im Haus und ab Mitte April ins Beet pflanzen
- ab Juni bis September
- 40 cm

Der Sommer-Phlox überzeugt mit seinen pudrigen üppigen Blüten. Wenn man den Haupttrieb bei ca. 20 cm Höhe kappt, verzweigt er sich und bildet mehr Blüten.

SKABIOSE

SCABIOSA 'BLACK KNIGHT'

- sonnig
- im Herbst direkt ins Beet oder von Februar bis April im Haus, ab April dann direkt ins Beet
- Juni bis September
- 60–80 cm

Dunkelrote, fast schwarze Blüten schmücken diese Skabiose, die auch Bienen magisch anziehen. Sie zählt zu den Cool Flowers!

STUDENTENBLUME

TAGETES ERECTA 'KILIMANDSCHARO'

- Standort: sonnig und trocken
- ab März im Haus, ab April direkt ins Beet
- Juni bis Oktober
- 30 cm

Aufrechte Studentenblumen sind ja meist gelb oder rostrot – da ist diese cremeweiße Sorte ein echtes Highlight, das sich toll im Beet oder Kübel macht.

ZINNIE

ZINNIA ELEGANS 'GREEN LIME'

- sonnig
- Februar bis April im Haus, Mai bis Juni direkt ins Beet. Ausbrechen des Haupttriebes bei ca. 30 cm Höhe bewirkt ein Verzweigen
- Juli bis September
- 70 cm

Diese Zinnie bildet große gefüllte Blüten in einem herrlichen Limettengelb und wird mit dem Abblühen immer schöner.

DAHLIE

DAHLIA 'DIANA'S MEMORY'

- sonnig
- 4 Knollen pro Quadratmeter
- Juli bis Oktober
- 70 cm

Diese Dahlie bildet üppige Blüten (10–14 cm) und nach dem Schnitt kommen immer wieder neue. Durch ihre Höhe funktioniert sie auch gut im Staudenbeet.

POMPON-DAHLIE

DAHLIA 'NATAL'

- sonnig
- 6 Knollen pro Quadratmeter
- Juli bis Oktober
- 90–100 cm

Standfeste und gut für den Schnitt geeignete Pompon-Dahlie mit schwarzroten Blüten. Sie sind als Akzent in hellen Pflanzungen super schön.

POMPON-DAHLIE

DAHLIA 'WINE EYED JILL'

- sonnig
- 6 Knollen pro Quadratmeter
- Juli bis Oktober
- 100 cm

Zauberhafte Pompon-Dahlie mit hellrosa bis gelben Blüten (12 cm), deren Mitte purpurrot aufgeht.

FRÜHJAHRSBLÜHER

KUGELLAUCH

ALLIUM AFLATUNENSE 'PURPLE SENSATION'

- sonnig
- 10–15 cm
- Mai bis Juni
- 80–90 cm

Eine günstige und nicht so künstlich wirkende Sorte des Kugellauchs, die sich gerne im Garten vermehrt. Die Kugeln sind nicht ganz so akkurat und ein absoluter Bienenmagnet!

TROMMELSTOCKLAUCH

ALLIUM SPHAEROCEPHALON

- sonnig
- 5–10 cm
- Juni bis Juli
- 5–10 cm

Der Trommelstocklauch blüht im Sommer und breitet sich stark aus. Die Blüten lassen sich mit Gräsern oder Kaukasus-Gamander kombinieren.

ELFEN-KROKUS

CROCUS TOMMASINIANUS

- sonnig bis schattig
- 5 cm
- Februar bis März
- 10 cm

Der Elfen-Krokus ist der Klassiker und jedes Frühjahr eine Augenweide, wenn er in hoher Anzahl einen lilafarbenen Teppich bildet. Er blüht sehr früh und vermehrt sich von selbst!

SCHNEEGLÖCKCHEN

GALANTHUS NIVALIS 'FLORE PLENO'

- sonnig bis schattig
- 5 cm
- Februar bis März
- 15 cm

Das Gefüllte Schneeglöckchen ist, neben den ungefüllten Schneeglöckchen, eine hübsche Wahl. Wenn man regelmläßg teilt und verteilt, hat man schnell einen Schneeglöckchenteppich im Beet.

NETZBLATTIRIS

IRIS RETICULATA 'PURPLE GEM'

- sonnig
- 10 cm
- Februar bis März
- ca. 20 cm

Während man oft blaue und gelbe Netzblattiris im Frühjahr sieht, bildet 'Purple Gem' eine wirklich wunderschöne Ausnahme mit zierlichen dunkellila Blüten.

NARZISSE

NARCISSUS 'DANCING MOONLIGHT'

- sonnig bis halbschattig
- 15–20 cm
- April
- 40–50 cm

Eine pastellgelbe, fast gefüllt anmutende Narzisse mit großen Blüten, die aber trotz der schweren Blüten sehr standfest ist.

MOSCHUS-NARZISSE

NARCISSUS MOSCHATUS

sonnig bis halbschattig
5–10 cm
März/April
25–30 cm

Die Moschus-Narzisse ist eine reinweiße, sehr früh blühende kleine Narzisse, die zuverlässig immer wiederkommt und sich auch sehr gerne vermehrt!

NARZISSE

NARCISSUS 'REGENERATION'

sonnig bis halbschattig
10–15 cm
April/Mai
40–50 cm

Diese gelbe Narzisse ist ein Schmuckstück, da sie mehrere Blüten bildet, gelb aufblüht und dann von der Mitte her verblasst. Sie sieht toll in Kombination mit dunkellila Tulpen aus.

TULPE

TULIPA 'EXOTIC EMPEROR'

sonnig bis halbschattig
10–15 cm
April
30–40 cm

Diese Tulpe besitzt riesige gefüllte weiße, mit grün durchzogene Blüten. Im Garten ist sie mit den Botanischen Tulpen eine der ersten, die blüht, und sie blüht noch dazu sehr lange.

ZWERG-TULPE

TULIPA HUMILIS 'PERSIAN PEARL'

- sonnig bis halbschattig
- 5–10 cm
- April
- 10–20 cm

Die Zwerg-Tulpe ist eine kleine Wildtulpe mit wundervollen violetten Blüten. Sie startet ihre Blüten schon sehr früh und eignet sich durch ihre geringe Höhe gut für den Beetvordergrund.

TULPE

TULIPA 'QUEEN OF NIGHT'

- sonnig bis halbschattig
- 10–15 cm
- Mitte April bis Mitte Mai
- 50–60 cm

Eine Tulpe, die durch ihre fast schwarzen Blüten definitiv auffällt im Beet. Super in Kombination mit rosafarbenen Tulpen und späten Narzissen wie der 'Thalia'.

GNOMEN-TULPE

TULIPA TURKESTANIKA

- sonnig bis halbschattig
- 5–10 cm
- April
- 20–30 cm

Die Botanische Gnomen-Tulpe hat cremefarbene Blüten und eine auffällige gelbe Mitte. Dabei sind immer mehrere Blüten an einem Stiel. Bei Bienen ist sie sehr beliebt.

IMPRESSUM

Bibliografische Information
der Deutschen Bibliothek.

Die Deutsche Bibliothek verzeichnet diese Publikation in der Deutschen Nationalbibliografie.

Detaillierte bibliografische Daten sind im Internet über http://www.dnb.de/ abrufbar.

EIN BUCH DER EDITION MICHAEL FISCHER

1. Auflage 2024

Covergestaltung: Bhavya
Redaktion und Lektorat: Corinna Scherr
Layout: Zoe Mitterhuber
Satz: Bhavya

Text: Sonja Di Leo außer: S. 4: Alexandra Lehne und Sonja Di Leo, S. 7–9: Urte Zimmermann, S. 55: Alexandra Lehne

Bildnachweis:
Cover: © ON-Photography Germany/Shutterstock

Fotos: Sonja Di Leo, außer: S. 3: © Tonio_75 , © Konstanttin, S. 7: © Thx4Stock/Shutterstock, S. 49: © Mike Rusell/Shutterstock, S. 55: © Alexandra Lehne, © Pakalou/Shutterstock

Hintergründe, Icons und Zierelemente: © Charunee Yodbun/Shutterstock, © Ton Photographer 4289/Shutterstock, © uniyok/Shutterstock, thenounproject.com.

ISBN 978-3-7459-1916-5

Gedruckt bei PNB/P&B: Gedruckt bei PNB Print SIA „Jansili", Silakrogs, Ropazu novads, LV-2133, Lettland

www.emf-verlag.de